咱的古早話

序

人類的生活經驗需要不斷累積，諺語就是生活智慧的結晶。有很多諺語包含著人生哲理，雖然只是簡短的三言兩語，卻道盡人間的做人做事原則，很值得後人省思和遵循。

台灣諺語主要是以台灣地區為背景流傳的，書中所用的辭彙都是台灣昔日的農業社會所用的語詞。由於時代變遷，有些諺語必須套上現代的觀念、用新的方法去詮釋，才能符合現代人的需求。

台灣話是非常優美的語言，能充分表達各種情意，而且生動活潑。可惜，台灣話跟其他地方語言一樣，有語無字，只憑藉口耳相傳便較難持續地流傳下去。本書在撰寫及編輯上便依教育部頒訂的網路版臺灣閩南語辭典為準，標示漢語拼音，並隨書附上教學CD一張，希望讀者在閱讀之際，亦能念出標準的台灣諺語。
若有不甚妥切之處，期盼先進指正。

感謝慈濟傳播人文志業基金會出版部協助本書的編輯出版，
在此一併致謝，感恩！

目錄

六畫

七至八畫

九畫

十至十一畫

十二至十五畫

十六畫以上

一日徙栽，三日徛黃

tsi̍t ji̍t suá-tsai, sann ji̍t khiā-n̂g

釋義

徙栽：遷移植栽，比喻遷徙、變換。徛黃：「徛」是站立，意指看起來雖然還挺立著，卻漸漸枯黃。

有樹苗移植經驗的人都知道，樹木被移植到新地方後，會有一段適應期；這段期間，葉子會漸漸枯黃。藉此勸誡人們，不要隨便見異思遷。

現代人遷徙、換工作，都是常有的事。搬過家的人都知道搬家是很累人的事；不但搬家前、搬家後要打包、整理，而且還要丟棄、添購一些東西，對精神、體力和經濟，都造成很大壓力。所以有人說：「想要忙碌一整年，就搬一次家。」

還有人常常換工作，「一年換二十四個頭家」；每換一次工作，即使工作內容沒變，新的環境、人際關係和公司文化，都要一段時間去適應。俗話說：「戲棚跤徛久著是你的。」如果永遠都是新人，怎能盼望獲得升遷？

一母十狗公，長酒胃破空

it bú tsa̍p káu-kang，tn̂g tsiú uī phuà-khang

釋義

野狗聚集時，經常出現多隻公狗圍著一隻母狗「爭風吃醋」的情形。「一母十狗公」比喻求偶是動物的本性，藉此暗喻人也是動物，好色那是很自然的本能，無可厚非；但是，人不能像禽獸一樣，要有道德、有分寸才對。

「長酒」就是長期喝酒的意思；酒喝得太多，足可亂性傷身。長期喝酒的人，不但會傷到肝臟，也會把胃弄壞。很多胃病都是喝太多酒惹的禍；胃會穿孔（破空），都是空腹喝酒、使胃承受不了的結果。

所以，「長酒胃破空」就是勸誡好酒的人，喝酒要適量、不可空腹喝酒。

一時風就駛一時船

tsi̍t sî hong tō sái tsi̍t sî tsûn

釋義

在海上用船帆行駛的船隻，完全要靠風勢來控制方向；若是一時不慎，還有可能翻船呢！所以，隨著風勢轉向，才是行船安全的好方法。

現代科技日新月異，世人的生活形態、消費形態也跟著轉變；因此，企業的經營，也是要「一時風，駛一時船」，跟著環境、時代改變，才能立於不敗之地。

這句諺語跟「見風轉舵」的意思相近。

一隻牛剝兩領皮

tsi̍t tsiah gû pak nn̄g niá phuê/phê

釋義

一隻牛只有一層皮，卻要硬剝兩層皮，那就表示層層剝削。

每當政府要加稅時，就會聽人說「一隻牛剝兩領皮」，表達對租稅政策的不滿，認為政府是想盡辦法，層層剝削人民辛苦賺來的血汗錢。

雖然說納稅是國民應盡的義務，政府有了稅收才有建設經費；但是，人民也有權利反對不當的重複課稅——因為人皮也只有一層，經不起層層剝削。

一樣米飼百樣人

tsi̍t iūnn bí tshī pah iūnn lâng

釋義

「米」在這裡通稱人的主食。不論是吃米食或麵食長大的人，都是一個人一個樣——面貌、高矮、胖瘦、善惡、美醜、智愚……全然不同——有人愛吃甜、有人愛吃鹹；有人喜歡大、有人喜歡小；有人愛往東、有人愛往西……組成多姿多采的世界。

既然「人有百百種」，難免有些人是自己不喜歡的，有些事是自己嫌煩的；在「一樣米飼百樣人」的社會裡，每個人的成長背景不一樣，個性就各有不同。所以，學習傾聽各種不同聲音、接納各種不同意見，也是做一個快樂現代人的必修功課。

如果覺得要修鍊到這境界很困難，不妨向米學點本事——不管什麼人、也不管是不是它喜歡的人，它都心甘情願地被吃下，再去滋養他。

一盤魚仔全是頭

tsi̍t puânn hî-á/ hû-á tsuân sī thâu

釋義

這句諺語是形容：一個團隊裡每個人都要當頭，都認為自己才能當領導者，不把別人看在眼裡，形成多頭馬車。

任何團隊，都應該要有一位統整團隊力量的領導者；比方說，如果眾人同船而不同心，這艘船一定會失去方向，迷失在茫茫大海中。擔任領導者的人亦需具有真材實料，不是領袖人才便不應勉強，否則團隊也難以齊心合力。

一筊九輸路，食毒自殺步

tsi̍t kiáu káu su lōo，tsia̍h to̍k tsū sat pōo

釋義

賭博往往有陷阱；如果沒有設下陷阱，開賭場者要想贏賭客的機會就不大了。要想在賭場上贏錢，難如登天，十次賭博九次輸。這是一條死路，不可嘗試。

吸毒包括吸食各種有毒的物品，毒品及香菸都包括在內；這種有害人體的物品，吸多了就像慢性自殺一樣，一步步地走向滅亡之路上。

九頓米糕無準算，一頓冷糜抾去园

Káu tǹg bí-ko bô tsún-sǹg，tsi̍t tǹg líng muê/bê khioh khì khǹg

釋義

九頓：比喻常常吃；無準算：都不算，意指不珍惜。一頓：比喻偶爾吃；冷糜：冷稀飯；囥：放在心裡。

這句諺語的意思是：人家平常對你很好，你認為理所當然，不放在心上；但是，只要偶爾怠慢一點，便耿耿於懷。

其實，這是在舊時社會裡，希望婆婆能將媳婦當成女兒一樣疼惜。所謂：「不孝新婦三頓燒，有孝查某囝路上搖。」女兒出嫁了，即使再孝順，也不及媳婦能照顧三餐啊！所以，媳婦偶爾做得不如人意，就不要拿放大鏡去檢視；反而要多想想她平時多麼盡心盡力，珍惜她的付出。

人與人之間相處，也應該多想人家的好。

人來才掃地，客去才泡茶

lâng lâi tsiah sàu tè，kheh khì tsiah phàu tê

釋義

家裡平日不整理，一有客人來訪，才手忙腳亂地趕緊打掃、收拾物品。等忙亂了一陣後，才想到還沒有為客人送上茶水；這時，客人知道來得不是時候，也不好意思再打擾而起身告辭了。這句話是勸人及早做好準備，不要「新娘轎扛到，才想欲縛腳」，既不禮貌又誤事。

人都有惰性，不管什麼事都是能拖則拖，例如：孩子們放暑假，有兩個月的長假；常見有一些孩子非得等到開學前一兩天，才卯起來寫暑假作業。所以，有的父母就罵孩子，為什麼總是「人來才掃地，客去才泡茶。」

人情世事陪甲到，無鼎閣無灶

jîn-tsîng/lîn-tsîng sè-sū puê kah kàu，bô tiánn koh bô tsàu

釋義

一個人如果交遊廣闊、親朋好友甚多，親友之間的婚喪喜慶等好歹事，一定要陪伴周全、面面俱到，不能顧此失彼；只要有送禮，就會被邀請赴宴，便會天天在外吃飯，自己家裡的鍋灶便不用開伙、使用不上了。這是這句諺語的含意之一。

另一含意是說：一個人如果天天應付親友的好歹事，支出便會很大，乃至收入不夠支出，造成自己連三餐溫飽都受到影響，長期下來甚至窮到三餐沒米可下鍋了。這便是勸人對於人情世事要量力而為，不要影響到自己的生活。

人牽毋行，鬼牽遛遛走

lâng khan m̄ kiânn，kuí khan liù liù tsáu

釋義

鬼：比喻不懷好意的人。遛遛走：團團轉。

有一些人就是不聽善良正直或真正關心他的人對他的忠告，卻對那些心懷不軌的人所說的話深信不疑，輕易地被他牽著鼻子走。

孩子們在青春期時，由於接觸的人多了，也容易聽到同儕間各種不同的想法。有的孩子分辨是非的能力不足或因好奇心驅使，就很容易去做一些不該做的事，例如加入幫派、逞強鬥狠、甚至吸毒及販毒。

當電視媒體報導這類青少年犯法的新聞時，常見家長們說，自己的孩子很乖，不相信孩子會做這樣的事；這正好印證了父母平常對孩子漠不關心，根本不曾「牽」過孩子——跟孩子溝通，給他正確觀念，導致孩子被「鬼牽蹓蹓走」。

其實，不管大人或小孩，在善意溝通的管道不暢通時，就很容易被人牽著鼻子走。

人愛事磨才會圓，事愛人做才會成

lâng ài sū buâ tsiah ē înn ， sū ài lâng tsò/tsuè tsiah ē sing

釋義

一個人經歷很多事情之後，原本生澀的事務，便慢慢地圓熟生巧；個性上的稜角，也會慢慢地被磨光，為人處事更圓融貫通。

事情都是在人的手中完成。沒有人力的推動、人腦的思考，事情依然存在，不可能完成。人與事需要相輔相成——人因事而變得更圓熟，事因人而獲得圓滿解決。

大家（婆婆）有話，新婦無喙（嘴）

ta-ke ū uē，sin-pū bô tshuì

釋義

「大家」就是「婆婆」的意思，「新婦」就是「媳婦」。在以前的大家庭裡，有兩三個媳婦是常有的事；大家庭裡人多嘴雜，難免有爭執吵鬧。如果當婆婆的沒有一點權威，要處理媳婦間的糾紛，就很不容易了。

婆婆在教誨媳婦時，當媳婦的不可以「應喙應舌」（隨便回嘴），和婆婆「一句來，一句去」，讓人家說這個媳婦不孝順。

不過，現在一切講求民主。婆婆若能把媳婦當女兒一樣疼惜，媳婦也把婆婆當成媽媽一樣敬愛，有不同意見時就能坦誠溝通、暢所欲言了。

大富望天，小富勤儉

tuā hù bōng/bāng thinn，sió hù khîn-khiām/ khûn-khiām

釋義

凡是克勤克儉的人，深知金錢來之不易，懂得惜物知福，不會揮霍亂用財物，未來較能積財致富。這種人大都是小時候嘗過貧苦滋味，或家庭教育良好的子弟。

由奢入儉難，但由儉入奢易。擁有克勤克儉習慣的人，比坐擁百畝田地更可能成功。

天公疼戇人

thinn-kong thiànn gōng-lâng

釋義

「天公」就是老天爺，「戇人」就是忠厚憨直的人。天公認為「戇人」沒有心機，做人真誠，做事踏實，一步一腳印，不會耍花招，不會投機取巧，有多少能力做多少事，是很守本分、可付託重任的人，所以天公特別疼惜他。

個性忠厚並不等於智慧不足，只是在行為上能堅守本分，待人誠懇純樸，不會耍心機、愛計較，這樣的人自然容易受人敬重和信賴。

少年拚出名，食老惜名聲

siàu-liân piànn tshut-miâ，tsia̍h lāu sioh miâ-siann

釋義

一個人最可貴的是少壯時期，這段時期正是可以認真努力地發揮自己所長，獲得他人肯定、贏得好名聲的時候。

年老退休之後，因為知道年輕時的聲譽得來不易，自然會相當愛惜羽毛。

一般而言，年輕人有幹勁、有活力，適合創業。年紀老大後，全身各器官的功能普遍下降，已不再如年輕人一樣地生龍活虎；但是，老年人有成熟的理智、豐富的經驗、一定的成就和地位，值得年輕人尊重、學習。所以，老來更應該顧惜一生的清譽，以免晚節不保，遭人指指點點。

心肝無想邪，雨傘借人遮

sim-kuann bô siūnn siâ，hōo-suànn tsioh--lâng jia

釋義

下雨時，如果有心幫助人，雖然只有一把雨傘，也願意借給人家遮雨。

夏天經常下西北雨，往往原本晴朗的天氣，突然間一陣傾盆大雨。過往行人因為沒有攜帶雨傘，就得暫時在騎樓避雨；有的人為了趕時間，只好不顧被雨淋濕，在雨中快跑。

這個節骨眼，如果你帶著雨傘，你願意無私地和對方一起遮雨？

心無邪毋驚鬼

sim bô siâ m̄-kiann kuí

釋義

一個人心中只要沒有邪念、不做虧心事，即使夜半有人敲門，也不會以為是鬼找上門了。心中有邪念，時常為惡，內心便常會疑神疑鬼；所以，在黑夜裡遇到怪異的聲音或影像時，就會以為碰到鬼怪了。

做人做事要心中不存邪念、行事正直單純，公正公平，使自己心中沒有掛慮，如此才能心安理得、食寢安心。壞人心中難免疑神疑鬼，所以心中難安。

日頭赤焱焱，隨人顧性命

jı̍t-thâu/lı̍t-thâu tshiah iānn iānn，
suî lâng kòo sènn-miā/sìnn-miā

釋義

陽光猛烈熾熱的時候，每個人忙著為自己及莊稼防晒避暑、給水灌溉都來不及了，哪還有時間去照顧他人呢？

這句諺語以赤焱焱的日頭比喻情勢不利或環境艱困時，每個人都只能顧著自家，顧不了別人。在戰爭動蕩、經濟不景氣或天災時，人心惶惶，便可使用這句諺語。

半暝想著全頭路，天光做來無半步

puànn-mê/puànn-mî siūnn tio̍h tsuân thâu-lōo，thinn-kng tsò/tsuè lâi bô-puànn-pōo

釋義

深夜思考時有一大堆點子；天亮後實際地面對工作時，卻完全做不來。

這句諺語比喻：想來簡單的事情，實際去做的時候才知道沒有那麼容易。也就是說，凡事不能只憑空想像。再好的計畫，如果缺乏執行力，永遠只是計畫；必須實際去做，才能真正瞭解其難易，也才能真正解決問題或完成任務。

奴欺主，食袂久

lôo khi tsú，tsia̍h bē/buē kú

釋義

「奴」在古代是指受雇於富有人家的長工或婢女；現在，所有受雇於人的上班族往往以此戲稱自己。如果上班時工作不認真或欺瞞偷懶，老闆看在眼裡，可能不久後就得捲鋪蓋，回家吃自己。

現代的公家機關或制度健全的私人企業，都設有考評機制，藉以考核員工的工作績效，依考績給予獎勵或懲罰。所以，每年年終時，考績特別差的人，就要「挫咧等」嘍！

即使沒有採行考績制度的公司行號，老闆也會依據平日的觀察，來評量員工的品格、工作態度和工作績效，以決定員工的去留。

未曾燒香，就拍（打）斷佛手

buē-tsîng/bē-tsîng sio-hiunn，tō phah-tn̄g hu̍t-tshiú

釋義

拜神禮佛，一定要誠敬謹慎。若是拜拜的香都還沒有燒，就粗心大意地把佛像的手折斷了；這般地草率粗魯，就有失拜拜應有的虔誠了。

這句諺語是比喻：本來能很順利完成的事，卻因一時的不小心而破壞了。也就是「成事不足，敗事有餘」之意。

此外，敬佛時如果未燒香就先打斷佛手，有的人就會說這是很「歹吉兆」（不吉利）的事。

甘願做牛，毋驚無犁拖

kam-guān tsò/tsuè gû，m̄ kiann bô lê thua

釋義

牛的主要工作是犁田；只要認真的做好牛的本分，一定會有拖犁耕田的工作。

這句諺語比喻：一個人只要努力打拚、像牛那般認真踏實的工作，便會有許多工作機會，終究會有成功的一天。

生言造語，借刀殺人

senn/sinn giân tsō gí/gú，tsioh to sat jîn/lîn

釋義

胡亂散播謠言，惡意中傷他人，有如暗箭一般，暗地裡傷人至深。

這樣地撥弄是非，容易挑起人與人之間的誤會和衝突。有很多謠言，都是捕風捉影，「講一個影就生一個囝」，人們很容易信以為真；這對被中傷者是很大的打擊，甚至會因此引起鬥毆凶殺等事件。

做人不可造謠生事；有一分證據說一分話，未經證實的話不宜隨意散布。

生食都無夠，那有通曝乾

tshenn/tshinn tsia̍h to bô-kàu，ná ū thang pha̍k kuann

釋義

農家通常都是把生產過剩的農產品，晒乾之後予以保存，以備日後食用。如果作物產量很少，就不可能剩餘，甚至連直接食用或上市都不夠，當然不可能拿來晒乾儲存了。

例如，龍眼產量不多時，就只能供銷生果市場。如果龍眼產量太多，市面上的價格不好，才可能將過剩的龍眼晒乾後製成龍眼乾。

生雞卵無，放雞屎有

senn ke-nn̄g/kue-nn̄g bô，pàng ke/kue -sái ū

釋義

雞卵（雞蛋）可以吃也可以賣錢，雞屎則又臭又沒有價值，人人討厭。養母雞的人，當然希望母雞能多生些蛋，而不是只會放雞屎；如果一隻母雞只會放雞屎而不會生雞蛋，一定會被飼者厭惡的。

這句諺語比喻，一個人不要只是會破壞而沒有一點建設，甚至將原本可以順利完成的事情弄得亂七八糟、難以收拾；這般敗事有餘、成事不足，難免被形容成不會生蛋而只會到處拉屎了。

先顧腹肚，再拜佛祖

sing kòo pak-tóo，tsiah pài Pu̍t-tsóo/Hu̍t-tsóo

釋義

生存是人的本能，要活下去，便得先填飽肚子。民生問題是任何人都要解決的，其中又以三餐的溫飽最重要；若是無法吃飽，也就顧不得什麼信仰了。

有公益團體發起「饑餓三十」活動，邀民眾們體驗饑餓的痛苦，藉此推動對第三世界國家饑民的關懷及援助。顧好「別人的腹肚」，也是相當具有宗教關懷的精神呢！

多看世間歡喜事，減想心中煩惱愁

to khuànn sè-kan huann-hí sū，kiám siūnn sim tiong huân-ló tshiû

釋義

世間事多如牛毛，有教人歡喜的事，也有讓人傷心惱怒的事；一個人能否過得快樂，就看他面對事情的態度了。

有人認為這世上太美了——張開眼睛一看，到處都是紅花綠葉，好不漂亮；所以，他每天露出笑容，天天都過得很快樂。

也有人對任何事情不滿意，對所有景色都看不順眼，對所有人都沒有好感，每天愁眉苦臉，沒有一絲笑容。

人來到世間不是為了自尋苦惱，做人做事若能抱著樂觀積極的態度，多看世事美好的一面，至少能過得比較快樂。

好事無相請，歹事家己來

hó sū bô sio-tshiánn，pháinn sū ka-kī/ka-tī lâi

釋義

好事沒有你的分，壞事卻往往不請自來。

人生本來就是「不如意事，十有八九」，歹事多而好事少。所以，在生活中要調整自己的心態，凡事要能看得開，只要自己努力踏實地生活，好事、歹事便順任自然，自能兵來將擋、水來土掩。

好酒沉甕底

hó tsiú tîm àng té/tué

釋義

「好酒沉甕底」是說，香醇的好酒都會沉在酒甕底部。以此比喻，真正有實力、有品格的人，就像是好酒般默默沉潛，不會輕率地浮現。

真正有學識、有能力的人，通常不會輕浮急躁、不會膨脹自己；但是，一旦有機會讓他表現時，就會全力以赴、一鳴驚人，做得非常成功。

這種有實力又傑出的人，通常也能百折不撓，相當有耐性及韌性，是非常難得的人才。

好喙（嘴）袂蝕本

hó tshuì bē/buē sih-pún

釋義

「好喙（嘴）」就是說話客氣、待人有禮；如此一來，很多事情便可以順利達成。說好話不用本錢，待人客氣也不用本錢，只要多說好話，就能克服人際之間的距離，進一步創造商機。

常說好話的人，往往可以憑真誠、柔和，化干戈為玉帛，免除不必要的爭執糾紛。有智慧的人，便懂得善用不必花本錢的好話。

好夢心爽緊拍（打）醒，人生得意有幾時

hó bāng sim-sóng kín phah tshénn/tshínn，
jîn-sing/lîn-sing tik-ì ū kuí sî

釋義

甜美的夢令人心中愉快；但是，這種美好的夢通常不會持續很久，很容易就會被吵醒。

有些人就是好命，生在權貴或富商巨賈家中，過著榮華富貴、無憂無慮的物質生活；可是，即使這樣的富貴人生也不能永恆，有可能因太過揮霍或是經營不善而風光不再。

得意的時光並非永恆，過得有意義才是充實的人生。

好額人減食一喙，散食人食到畏

hó-gia̍h-lâng kiám tsia̍h tsi̍t tshuì，sàn-tsia̍h-lâng tsia̍h kàu uì

釋義

好額人：富人；散食人：窮人。

這句諺語是奉勸富人不可窮奢極侈。富人的生活享受即使自認很簡單，但對於窮人來說，就算是高級享受；所以，富人只要減少花費一丁點，窮人或許就可以溫飽一整年。

今日世界仍有許多開發中國家，國民所得很低，人民的生活非常艱困。因此，微軟共同創辦人比爾・蓋茲與股神巴菲特，於二〇一〇年共同架設「贈與誓言」的網站，呼籲全世界的富豪們響應捐款做公益；巴菲特還親自撰文，承諾把財產的百分之九十九捐出來，嘉惠許多需要幫助的人。

能分享的人，其實就是富有的人；而在賺取財富之後，能不為自己求安樂，時時為苦難人著想，那更是富中之富了。

有心鑿山，山迵海

ū sim tsha̍k suann，suann tháng hái

釋義

鑿山就是打通山嶺。若是有心打通山嶺，必有打通隧道通往海濱的一天。

現代社會，為了交通方便，政府往往不得不將山脈「開腸破肚」，開一條隧道，讓人車從山腹直接通過，省去繞行山路的不便，縮短交通時間。

台灣的雪山隧道，全長將近十三公里，號稱亞洲第二長的公路隧道。因為經過三十六處地下湧泉，增加施工的困難，所以耗時十五年才完成，真可說是「有心鑿山，山迴海。」只要有恆心克服困難，終有成功的一天。

但是，打通隧道也引發許多環保爭議，這也是我們必須正視及深切檢討的課題。

有手伸無路，有跤（腳）行無步

ū tshiú tshun bô lōo，ū kha kiânn bô pōo

釋義

這句諺語是形容一個人落魄到極點，人人離他而去；想伸手向朋友求援，卻不知能向誰伸手；想出門去找朋友幫忙，卻不知道能去找誰。

正常的手腳，在開放空間中，本來是可以自由屈伸活動的；但如果在一個僅能容身的有限空間中，就會「有手伸無路，有跤行無步」。

人的境遇，一旦面臨這種坐困愁城、寸步難行的窘境，就要承受極大的精神壓力。有的人還能在「山窮水盡」時勉力撐持，終於又見「柳暗花明」；有的人卻自怨自艾，失去鬥志而葬身愁城。

佛教重視「無常」；既然是無常，就表示不管好、壞、順、逆，都會不斷變遷。所以，處順境時要珍惜，不可沉溺其中而得意忘形；處逆境時要能堅忍，深切檢討自己，找出突破困境的出口。

有功無賞，拍（打）破愛賠

ū kong bô siúnn，phah-phuà ài puê/pê

釋義

事情做得好、做得對，都沒有獎賞；但事情沒做好或做錯了，就要賠償損失。這原是勸人做事要謹慎，做好是應該的，做不好就要受罰。

但是，現在卻將這句話誤當成「多一事，不如少一事」的藉口。醫師怕醫療糾紛、老師怕管教過當、路人不敢見義勇為……當今社會上普遍存在著消極應對、得過且過的心態，無形中影響個人和社會的進步。

如果人人能自我要求：把事情做好、做對是應該的；凡事謹慎而行，自然能減少犯錯的機會。

有命就有根，無根烏暗天

ū miā tō ū kin/kun，bô kin/kun oo-àm thinn

釋義

「烏暗天」意指一片漆黑、沒有光明。

生命就如同樹根一樣；只要命還在，就像大樹還有根一般，就有希望繼續成長、茁壯。

失業不是問題，再找就有；失戀不是問題，天下何處無芳草；貧窮也不是問題，一枝草一點露。只要命還在，還健健康康地能夠工作，活下去決不是問題。

自殺是愚蠢的行為，就如同自己挖掉了生存的根；根沒有了，前途就真的完全黑暗，再也沒有光明的可能了。

有時月光，有時星光

ū sî gue̍h/ge̍h kng，ū sî tshenn/tshinn kng

釋義

在夜空中，最明顯的便是月亮與星星；有時候，月光比閃爍的星光明亮，有時候則是燦爛的星光更耀眼。

人生在世，好運來時可以一帆風順、大富大貴；但是，好運不一定能長久，當歹運來臨時，就不免倒楣了。正是所謂的「風水輪流轉」。

所以，有好運時要珍惜及把握；運氣不好時也不要因此而喪志。

有閒講別人，無閒講家己

ū îng kóng pa̍t-lâng，bô îng kóng ka-kī/ka-tī

釋義

有些人很愛談論他人的是非，橫豎胡亂批評一通；但是，這種人卻很容易原諒自己，常把自己的缺失隱藏起來。

老是講別人的不是，卻對自己的缺點毫無反省，這是相當錯誤的態度。就像廣告詞說的：「要刮別人的鬍子，先將自己的刮乾淨。」這才能讓被刮的人更心悅誠服。

有儉才有底

ū khiām tsiah ū té/tué

釋義

節儉是美德；懂得節儉的人才會有積蓄（有底），生活才比較不會有後顧之憂。

樓房要根基穩固，人的生活及事業基礎也要穩固；勤儉不但是生活安定的基礎，也是開創事業的根本。有這種好品德的人，做事就比較容易成功。

有樣看樣，無樣家己想

ū iūnn khuànn iūnn，bô iūnn ka-kī/ka-tī siūnn

釋義

人類的許多行為都是彼此模仿的；例如，家裡的兄長有某種習慣，弟妹看了就會學習模仿。

上行下效，在上位者有不好的行為，在下位者也會跟著仿效；而看到他人的良善行為時，也有人會學習。許多社會風氣，便是如此「有樣學樣」，因而擴散。

遇到前所未見、沒有人做過或遇過的事情時，沒有例子可以參考，那就要自己思考、自己想辦法解決。有前例可循的問題，可以借助他人的智慧和經驗去解決；沒有可供參考的例子時，則完全要靠自己的智慧了。

西瓜倚大爿

si-kue uá tuā-pîng

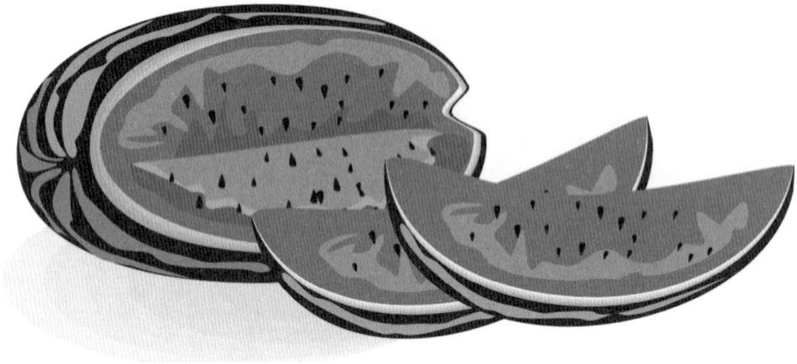

釋義

一個西瓜若切成大小不同的兩半，每個人都會選大的那一半，不會去拿那個小的。

同樣地，當有兩派勢力相抗衡時，一般人的心理都會選站在人數較多或勢力較強的那一邊。

你有你的關門計，我有我的跳牆法

lí ū lí ê kuainn/kuinn mn̂g kè，guá ū guá ê thiàu tshiûnn huat

釋義

對於同一件事情，可以有許多種解決方式，每一個人所思考的方法不一樣，所採取的行動也就不相同了。

解決問題的方法，通常不會只有一種；每個人都可以各憑本事，找出適合自己、適合那件事的解決方式。智慧的運用本來就不拘一格；具有創意的點子，常令人耳目一新、拍案叫絕，更能妥善的解決問題、達成任務。

免錢薰，大喙（嘴）吞

bián-tsînn-hun，tuā tshuì thun

釋義

「薰」原本是指香菸之類的東西，現代則是擴及各種毒品。這些毒品自古以來就是利潤極高的東西；商人為了賺錢，便先讓人學會吸食，然後從中牟利。

民眾看到免費，就貪小便宜，盡情地抽了起來；「大喙吞」就是大口大口地抽或吸。在這樣的情況下當然會上癮，害得自己傷財又傷身。

「免錢薰，大喙吞」的另一個意思是指人性往往貪小便宜，卻沒有考慮它的危害，往往因小而失大，後果堪憂。

床頭拍（打），床尾和

tshn̂g thâu phah，tshn̂g bué/bé hô

釋義

床頭到床尾只有幾尺長；夫妻往往在床頭又吵又鬧，因為不是為了什麼大事，走到床尾就忘了，又和樂地在一起。

「床頭拍，床尾和」，這句諺語是期勉所有夫妻，生活中既然不能避免發生爭執，就應該儘快讓爭執落幕，縮短每一次爭執的磨合期。

其實，大部分夫妻最常為一些芝麻小事吵架，像是擠牙膏、做家事、忘了結婚紀念日……只要雙方謹記「夫妻沒有隔夜仇」、「床頭拍，床尾和」，就不會讓小爭吵演變成摔東西、長期冷戰、甚至離婚等難以收拾的地步。

忍氣求財，激氣相刣

lún-khì kiû tsâi，kik-khì sio-thâi

釋義

「相刣」是指彼此相互殘殺，一定會兩敗俱傷。

任何事情一定要和氣地商討，找出可以讓雙方接受的方式，達成所謂雙贏的局面。心平氣和地解決問題，才能和氣生財。

如果因為意見不合就起衝突，乃至於大打出手，不但不能解決問題，反而將問題越弄越糟，這是相當不理性的做法。

抓(掠)龜走鱉

liah-ku-tsáu-pih

釋義

抓到一隻龜，卻跑了一隻鱉，意指顧此失彼，沒辦法「一兼二顧」。

美國伊利諾大學心理學家丹尼爾・西蒙斯（Daniel Simons）曾做過一個實驗，叫做「看不見的大猩猩」。

研究人員要求受測者，在播放的影片中，只要數出三名穿白衣者傳球的次數，而不必理會三名穿黑衣者。

在傳球時，一個打扮成黑色大猩猩模樣的人走進兩組人之間，並捶打胸膛約九秒後退場；結果，有一半志願受測者沒看見大猩猩上場。

因此，西蒙斯認為：人把注意力集中在某項事物上時，很難再去注意其它意想不到的事物。

我們在生活中就常會發生類似這種「抓（掠）龜走鱉」的事情；不過，雖然跑掉鱉，至少還能抓到龜。最怕的是三心二意，「雙頭無一藕」，龜和鱉通通跑掉了。

汲(上)水汲(上)水頭，聽聲聽尾聲

tshiūnn tsuí tshiūnn tsuí thâu，thiann siann thiann bué-siann/bé-siann

釋義

「汲（上）」，向上提吊之意。如果要喝水，以源頭的水最為乾淨，所以取水要在源頭取用。聽人家講話，則要從頭聽到尾，全盤瞭解，才不會誤解對方的意思。

有些話往往一時之間是聽不出真正的意思；像這種拐彎抹角的話，如果沒有聽到最後，就不能全部掌握。所以，聽人家講話，要仔細地聽到最後才行。

見笑轉受（生）氣

kiàn-siàu tńg siū/siūnn-khi

釋義

「見笑」就是覺得丟臉、羞愧的意思。做了見不得人的事，若是被人知道，往往都會覺得很沒面子；如果這個做壞事的人受到譏笑或嘲諷，可能會因惱羞成怒，跟嘲笑他的人發生衝突。

每個人都有自尊心，當自尊受到他人輕視或傷害時，就會自我防衛。有些凶殺案，便是因為言語間傷了對方的自尊心，而引來殺機。

拍（打）斷手骨顛倒勇

phah-tn̄g tshiú-kut tian-tò ióng

釋義

手骨被打斷後，被重新接回去並經過治療後，一般人認為，斷臂會比完好時不方便用力；但是，有些時候並不見得，斷過的手臂可能反而更為粗勇。

這句諺語比喻：遭受破壞的事物，只要修護得法，之後反而會更堅強，不會輸給原本的狀態。這句話有鼓勵人們愈挫愈強、再接再厲的含意：即使斷骨，並不能阻止自己奮鬥的意志；只要繼續努力，斷骨復原後將會更強壯，達到所想望的目標。

狗喙（嘴）袂有飯粒落

káu tshuì buē/bē ū pn̄g lia̍p lak

釋義

在農業社會裡，家中的狗兒通常都是半餓半飽，主人拿剩飯剩菜給牠吃時，便猛搖尾巴感謝。因為狗兒難得才有一頓飯菜；因此，吃到飯菜時，一定一顆飯粒也不會浪費，吃得乾乾淨淨。

「狗喙袂有飯粒落」便是形容一個人非常節儉，就像餓狗吃飯一般，連一顆飯粒也捨不得落地浪費。

節儉雖然是一種美德；但是，若過度節儉、變成一毛不拔，「一個錢拍二十四個結」，那可就不是美德了！

肥水毋流過別人田

puî tsuí m̄ lâu kuè/kè pa̍t-lâng tshân

釋義

自己的田地要肥沃，才會產出好收成；如果自己田地的肥料流到別人的田裡去，自己田地的肥沃便流失，都變成別人的了。

這句諺語義同「肥水不落外人田」；也就是說，有好處都先照顧自己或自家人，不太會平白地送給別人。以此說明人類自私的本性。

虎頭鳥鼠尾

hóo-thâu niáu-tshí/niáu-tshú bué/bé

釋義

老虎的頭很大，「鳥鼠」（老鼠）的尾巴很小；也就是說，一開始時很認真、很投入，到了後面卻心灰意冷，不想再堅持下去了。這種只有五分鐘的熱度，做事起初就像碩大有力的虎頭般積極，做到中段以後卻三心二意、搖擺不定，無法貫徹始終、直到成功為止。像這種虎頭鼠尾的人，是很難有成就的。

這句諺語是形容一個人沒有恆心、不能堅持；做起事來，一開始很認真，之後卻草草收場、不了了之——也就是「虎頭蛇尾」的意思。

有些人與人相處也是如此：起初給人的印象很好，後來露出馬腳、原形畢露，留給人家很不好的印象。

近水知魚性，近山知鳥聲

kīn/kūn tsuí ti hî/hû sìng，kīn/kūn suann ti niáu siann

釋義

長期居住在河海附近，就會慢慢熟悉魚蝦的習性；長期居住於山林中的人，天天耳聞各種鳥類的叫聲，看多了也就能識別不同鳥類的叫聲了。

據說，有的漁民只要將耳朵貼在船艙底板上，聽聽船底下的聲音，就可略知附近有甚麼魚群在活動。所以，不親近山水，卻想要知魚性或知鳥音，那真是不可思議啊！

這句諺語在告訴人們：想要瞭解人或物，就必須反覆實踐、不斷體驗，才能累積經驗。

近報佇(在)家己，遠報佇(在)囝(子)孫

kīn/kūn pò tī ka-kī/ka-tī，uán pò tī kiánn-sun

釋義

俗話說：善有善報，惡有惡報；不是不報，時候未到。心存善念、多行善事的人，一定會有好報的；近的話就會發生在自己身上，遠的話則會回報在子孫身上。

同樣地，為惡之人也會有不好的報應；若非近期內現報在自己身上，也有可能會禍延子孫。

所謂「人在做，天在看。」不應以善小而不為，也不應以惡小而為之，傷天害理之事千萬不可做。

俗物通食，俗話莫講

siȯk mīh/mn̍gh thang tsia̍h，siȯk uē mài kóng

釋義

此句的意思是說：便宜的食品但吃無妨，但閒話可不能亂講。就是一般所說的「東西可以隨便吃，話不能隨便說。」

便宜的食物只要沒有壞掉，吃下肚也沒問題；但是，沒意義的話就不可以隨便講了；萬一講得太誇張，加油添醋，可能會惹來很多麻煩。

說話一定要經過大腦；有些話只能點到為止，有些話只能說三分，有些話可以開誠布公地說，要看對象及場合而定。如果毫無保留及選擇，把不該說的話也都說出口，那就是「俗話」了。

俗物無好貨

sio̍k-mi̍h bô hó huè

釋義

「俗物」就是價格便宜的商品。商店常會整理出一些便宜的特價商品，這些商品往往是要淘汰掉或過時的次等品；比如換季的衣服，賣不完也要淘汰掉，不如便宜地賣出。

生意人知道自家的商品是新是舊，消費者卻很難分辨；買便宜貨便常會買到次等貨，因為品質好的新貨不會隨便降價求售。

是毋是，罵家己

sī m̄ sī，mē/mā ka-kī/ka-tī

釋義

世間許多事情，往往公說公有理、婆說婆有理。一般人在與他人有爭執時，為了自尊心，一定會為自己辯護；如此一來，雙方各執己見，不免越吵越凶、沒完沒了。

若是能不論自己對或錯，都先責備自己的不是之處，便比較容易讓對方平息怒氣；雙方心平氣和之後，也就較容易溝通彼此的爭執與歧見了。

毒嫖酒筊，無財無某

tók phiâu tsiú kiáu，bô tsâi bô bóo

釋義

吸毒、嫖妓、酗酒、賭博都是很不好的「嗜好」。吸毒的人得花大錢買毒品；貪戀美色的人，為色勞命傷財；喝酒如喝水的人，不但傷身，更容易因酒醉而滋事生非、違法犯紀；好賭的人，一輸千金是常有的事，再多財產也會轉眼就輸個精光。

一個男人如果染上「毒、嫖、酒、筊」這些不良嗜好，幾乎就注定要成為一個「窮光蛋」或階下囚，哪有能力娶老婆？既使已經結婚成家，不但沒辦法養家活口，恐怕還會連累老婆，拖垮全家經濟。

這樣的先生，試問還有哪個妻子願意跟他「吃飯攪鹽」，忍氣吞聲地繼續過一輩子？

洗面洗耳邊，掃地掃壁邊

sé-bīn/sué-bīn sé/sué hīnn/hī pinn，sàu tē/tuē sàu piah pinn

釋義

洗臉時一定要把耳根旁邊洗乾淨，掃地時一定要特別注意牆角的地方。

這句諺語比喻：凡事要小心謹慎，尤其是要注意細微的地方，不可草率大意，才能將事情做好。

看乎清，認乎明

khuànn honnh tshing，jīn/līn honnh bîng

釋義

做人做事都要把對象看得清清楚楚，不要匆忙及迷糊決定，才不會遺憾終生。

例如，交朋友時要看清對方的人品，不要深入交往之後才後悔交友不慎；買東西時要看清楚貨物的品質，貨比三家不吃虧，才不致受騙上當。仔細為人處事，總比粗率要來得好。

胡椒會薟免用濟

hôo-tsio ē hiam bián iōng tsē/tsuē

釋義

胡椒這種調味料，雖然很細小，但是相當辛辣；因此，調味時只要用一點點就夠了。

一個有能力又肯苦幹、實幹的人，往往能發揮以一當十的作用。在團隊之中，只要人人實力堅強，雖然人少，足以勝過一群泛泛之輩。

這就和「蕃薯好食免大條」的意思相似；也就是說，不管人或物，都要「重質不重量」。

衫著新，人著舊

sann tio̍h sin，lâng tio̍h kū

釋義

所謂「佛要金裝，人要衣裝」，若是穿得光鮮亮麗，給人的觀感及印象自然有所不同，所以「衫著新」。

人與人的交往則貴在知心，需要時間的考驗；一起經歷過人生諸般事情的老朋友，更是值得珍惜。所以說「人著舊」。

這句諺語也就是「衣不如新，人不如舊」的意思。

食，食人歡喜酒；賺，賺人甘願錢

tsia̍h，tsia̍h lâng huann-hí tsiú；thàn，thàn lâng kam-guān tsînn

釋義

吃別人的東西，總要對方高興請客才行；要賺人家的錢，也要在對方心甘情願交易的情況下，賺取合理的錢財。

這句諺語是比喻：凡事不可強求，為人處事要合情合理，要讓對方心甘情願、歡歡喜喜，而不是用不正當手段強取豪奪，這才是做人的本分。

食少有滋味，食濟無趣味

tsia̍h tsió ū tsu-bī，tsia̍h tsē/tsuē bô tshù-bī

釋義

「食濟」就是吃太多的意思。任何東西都是一樣，吃多了就讓人厭煩，吃少才會覺得新鮮、有滋味。吃多只是為了填飽肚子，談不上品嘗滋味。

不只是在吃方面，就遊戲或玩具而言也是如此；偶爾玩一下會覺得新鮮有趣，天天玩一樣的東西，久了就會玩膩。

食米毋知影米價

tsia̍h bí m̄ tsai-iánn bí kè

釋義

雖然每天都會吃到米飯；但是，「食飯坩中央」、不負責賺錢及家計的孩子卻不會知道米的價格，只知花錢而不知賺錢的辛苦。

此諺語是比喻，沒有賺錢或負責家計的人，不知道賺錢及主持家計的困難，只知道花錢消費，不知道箇中辛勞；同樣地，沒有實際參與家務事，也不知道家務事的繁雜沉重。

食是福，做是祿

tsia̍h sī hok，tsò/tsuè sī lo̍k

釋義

華人社會很希望「福祿雙全」。這句諺語意指，身體健康，便可以盡情地享用美食，這是一種口欲上的享受及福氣；此外，身體健康便可以認真工作，就能獲得收入，擁有得到利祿的喜悅。

有胃口、吃得營養，又能工作勤奮，這才是健康的人；吃方面過分節省，只知拚命工作，往往會影響身體健康，這種做法便無福也無祿。能夠努力地認真工作，又重視飲食營養、注意身體健康，這才是正確的人生觀。

食魚食肉嘛愛菜佮

tsia̍h hî/hû tsia̍h bah mā ài tshài kah

釋義

「嘛愛」即「也要」；「佮」意為「搭配」、「攙著」。

我們平日三餐不能只吃大魚大肉，也要搭配青菜及水果，這樣營養才會均衡，身體才會健康。

現代人由於生活品質提高，大魚大肉經常出現在餐桌上，加上大多待在辦公室工作，運動量明顯不足，以致發胖的人越來越多。若能少吃一點肉食，多吃一點蔬菜水果，身體便會更苗條、無負擔了。

食濟厚病痛，食少會長命

tsia̍h tsē/tsuē kāu pēnn-thiànn/pīnn-thiànn，tsia̍h tsió ē tn̂g-miā

釋義

「濟」即「多」，「厚」為「常」之意。

有些人主張，三餐只要吃八分飽；因為我們的胃容量有限，若是平時吃得太飽，胃會慢慢失去伸縮的機能，時日久了就會有病痛出現；胃出了毛病，就會影響到其他器官，衍生出許多疾病。

平日吃飯，最好定時定量，不要過飽，讓胃部留些空間，好讓腸胃充分蠕動，幫助消化，如此身體才會健康；如果餐餐又飽又脹，不但人不舒服，也容易鬧出病來。胃健康了，不會衍生其他疾病，便可延年益壽。

枵（餓）鬼假細膩

iau-kuí ké sè-jī/suè-lī

釋義

「枵（餓）鬼」是形容貪吃的人，就好像很久沒有吃到食物的餓鬼一樣。「細膩」就是很客氣，基於禮數地客套一下。

一個人即使很餓，但基於禮貌上，總是會先客套一下，表示很有修養，否則人家會覺得這個人不知禮數、魯莽粗俗。這句諺語通常是比喻一個人作假偽裝的意思。愛吃卻假裝得太過分就不夠直率了；也就是說，做人不要太虛偽做作，有時坦然接受才顯得豁達。

例如，有的人很想當官，但一旦有機會當官，他卻又一再謙辭，便可以這句諺語形容他。

家己睏桌跤，煩惱別人厝漏

ka-kī/ka-tī khùn toh-kha，huân-ló pa̍t-lâng tshù lāu

釋義

自己窮到連房子都沒有，只能睡在桌子底下，卻還擔心別人家的屋頂是否會漏水。

這句諺語比喻：自身都難保了，還愛管別人的閒事；也可引申為：自己的事情沒做好，老是對別人沒做好的事指指點點、說三道四。我們的周遭有很多這類型的人，他們通常都不受人歡迎。

如果形容「先天下之憂而憂」的人，就不適合用這句諺語。

家和萬事興

ka hô bān-sū hing

釋義

一個家庭最怕家人吵吵鬧鬧，因為吵鬧會分散家人的力量，無法完成共同努力的目標。家庭成員間最重要的是同心，大家都珍惜親情，才能夠同心協力，整個家也才能興旺起來。

有很多家族企業，都是家人同心攜手努力成就的。個人的力量有限，全家人的合作與團結，便能產生很大的力量，就可推動龐大的家族事業發展。

缺腳殘手嘛著快樂活

khueh kha tsân tshiú mā tio̍h khuài-lo̍k ua̍h

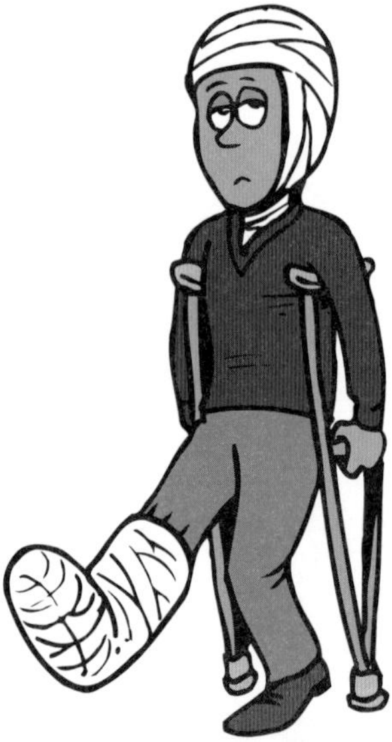

釋義

人活在世間，難免會生病或發生意外，嚴重的甚至不幸失去手腳。

不管是先天或後天的肢體障礙，都可能連帶影響心理，造成身心障礙、苦上加苦。既然日子還是要過，不妨換個心境，勇敢面對現實，積極樂觀地開創新天地。

一個人的偉大，不是看他多有錢、多有勢，而是看他在挫折時有怎樣的表現；身障者若比正常人更堅強、表現更傑出，更是令人敬佩。

只要活著就會有希望；每天的生活，苦是過一天，樂也是過一天，何不愉快地過日子呢？帶著笑容生活，讓他人也感到快樂，這樣的生活不是很美好嗎？

袂先學行先學飛，袂先種籽想挽瓜

bē/buē sing o̍h kiânn sing o̍h pue/pe，
bē/buē sing tsìng tsí siūnn bán kue

釋義

一個人還不會走路，就想像鳥一樣在天空中飛翔；種籽都還沒有播下，就先盤算著如何摘取瓜果。

這句諺語是比喻：做事要從基礎開始，一步一步地踏實去做，才能實現目標；否則，只是流於空想、幻想罷了。

袂曉挨弦仔假絞線，袂曉唱曲顧噴瀾

bē /buē-hiáu e hiân-á ké ká suànn，
bē /buē-hiáu tshiùng khik kòo phùn nuā

釋義

挨弦仔：拉胡琴，狹義地說是指「二胡」。噴瀾：噴口水。

有的人不會拉胡琴，便假裝正在調琴弦；唱不出好聽的歌曲，卻噴了許多口水。對於這樣的人，只能說他是「無半撇擱愛膨風」。

放眼生活周遭，愛吹牛的人不少；吹牛的事項從能力、財富、交際、美貌、成就……無所不吹。以吹牛的程度來說，有的人只是稍稍誇大自己的能力，有的人不學無術，卻將自己說成無所不能。這種只會吹噓的人，一旦真要請他做事，他就不得不「假絞線」、「顧噴瀾」來拖延時間，以免當場被戳破牛皮，臉上無光，讓自己下不了台。

袂用得掛無事牌

bē/buē īng eh kuà bô/bû sū pâi

釋義

「無事牌」即無任何雕飾的白玉牌——「無飾」音同「無事」，藉此保佑佩戴者「平安無事」。

一個人生活在社會上，有一大堆事情會發生，往往都是自己料想不到的事；即使掛上無事牌，也不可能保證終生平安無事。換言之，要努力去面對及解決自己所遇到的事，不要奢望自己永遠沒有諸事纏身。

財產用會完，學問出袂空

tsâi-sán īng/iōng ē uân，ha̍k-būn tshut bē/buē khang

釋義

「出」意指傳授、利用。

即使祖先留下萬貫家財，若是揮霍無度，也終會坐吃山空。只有學問是用不完的；就像老師教學生一樣，教再多學生，老師的學問不但不會減少，反而因為教學相長，更能運用自如。

處在知識經濟的時代，各國政府都在致力提升國民的教育水準；父母們也都盡心盡力培養孩子，讓孩子接受最好的教育。當然，教育程度和學問不能畫上等號——教育程度一般是指小學、中學、大學、碩士、博士等學校教育，學問卻可利用各種方式、場所而獲得。

但是，教育程度越高，越能擴充學問的基礎，尤其更能深入專精的領域；一旦學有所成，終生受用不盡。

所以，父母寧可用盡財產，培養有學問、有修養的孩子，讓孩子自己擁有無盡的寶藏。

酒那入肚，誤事害人濟

tsiú ná ji̍p/li̍p tóo，gōo sū hāi lâng tsē/tsuē

釋義

喝酒一定要有節制，尤其是喝了酒千萬不要開車。酒後往往會使人失去判斷事物的能力，很容易鑄成大錯。

常有新聞報導酒醉開車肇事、酒後衝突等害人害己、令人感傷的事件。俗話說：「酒袂解真愁。」心情不好也不能藉酒澆愁，因為「藉酒澆愁愁更愁」啊！喝酒過度不但傷身，也會誤事，要當心節制才好。

健康親像補破網，針線慢織有希望

kiān-khong tshin-tshiūnn póo-phuà-bāng，tsiam suànn bān tsit ū hi-bāng

釋義

保持身體健康是一生的事情，平日的保養最為重要，要細水長流、耐心地經營。

生過病的人，一定會特別注意身體的健康。身體有病，就如同網子破了小洞，要一針一線地慢慢修補，讓破洞逐漸縮小，重新成為完好的網子。

匏仔出世成葫蘆，幼柴浸水發香菇

pû-á tshut-sì sîng hôo-lôo，iù tshâ tsìm tsuí huat hiunn-koo

釋義

「麭仔」就是所謂的「葫蘆瓜」，長出來的就是葫蘆；「幼柴」就是細碎的木屑，如果浸在水中讓它稍微腐爛，再放在溫暖潮濕的地方，不久之後就會長出香菇來。

這句諺語的意思是：麭仔能生成葫蘆、木屑也能長出香菇，天生我材必有用，不必妄自菲薄、自暴自棄。

每個人出世時，雖然父母不同、面貌各異，有的人甚至天生就有肢體或智能缺陷；但是，這不表示他們就一無是處。

有許多肢體障礙的朋友，不管是先天或後天造成的缺陷，仍然能樂觀面對，在繪畫、音樂、表演等領域展現自己的長才，開創一方天地。

如果身心健全，卻因一時失意而自暴自棄，那豈不是自廢武功，斷送無限的可能？

掠賊在場，掠姦在床

lia̍h tsha̍t tsāi tiûnn，lia̍h kan tsāi tshn̂g

釋義

「掠賊在場」是說，抓賊得在其偷竊時當場抓到他；「掠姦在床」則是說，男女有不倫行為時，一定要抓到他們在床上歡好才算數。

總之，要指控他人的罪名，一定要慎重；有真憑實據才能讓人無法狡辯、心服口服。尤其「做賊」、「通姦」的指控，將嚴重損毀他人聲譽和名節，不能「空喙哺舌」、沒有充分證據地隨便將罪名加在別人身上。

軟塗（土）深掘

nńg-thôo-tshim-ku̍t

釋義

鬆軟的泥土比較好挖掘，挖起來毫不費力；若是挖到硬土，兩三下就手軟腳痠，挖不下去。

這句諺語便是比喻：對於善良、好欺侮的人，惡人會不客氣地壓迫欺凌，能壓榨就壓榨，無力反抗的弱者便任人宰割；就像是鬆軟的泥土，會被深深地挖掘。

頂司管下司，鋤頭管畚箕

tíng-si kuán ē-si, tî-thâu kuán pùn-ki

釋義

威權式的管理，只要上司對成效不滿意，就責備下級主管；下級主管便再找更下級的部屬出氣。

鋤頭和畚箕原本都是工具，只是功用不同而已，誰也管不了誰；但是，鋤頭卻以為畚箕是靠它吃飯，偏要管教畚箕，欠缺平等合作的觀念。

一般採行科層制管理的單位，這種層層管理的模式是理所當然；只是，必須隨著時代的進步，尊重員工，揚棄命令與操縱的態度，改由溝通、協調等方式，激發員工的向心力，共同完成組織目標。

敢餓第一閒

kánn gō tē-it îng

釋義

有些懶惰的人，寧可餓著肚子，也不去找工作，整天在家呼呼大睡。因為他認為，工作很辛苦、受人指使很沒有尊嚴，所以他寧可餓肚子也不去工作，那當然會相當清閒無事嘍！

有人認為工作是快樂的，也有人認為工作是吃苦受罪。不管是快樂也好，受罪也罷，一個正常人活著就應該有正當工作，奉獻自己的能力；因為，人不應該只為了生活而工作。如果工作的意義只是為了生活，只要願意挨餓，便好像可以什麼事情都不必做了。

但是，即使你可以不吃，卻不能不喝、不拉……這些還是得要自己動起來呢！

著拎牛頭，毋通拎牛尾

tio̍h lîng gû-thâu，m̄-thang lîng gû bué/bé

釋義

牛最脆弱的地方是鼻子，牽鼻子便能控制牛隻。因為一拉鼻子牛就會痛，所以不能太過用力，太痛的話牛反而不走，拉鼻繩時要鬆緊適度才好。牛的習性是害怕有人在牠背後；如果人跟在牛的背後，用繩子控制牠的方向，牠就會很聽話。

拉牛尾巴則沒有一點用處，牛決不聽使喚，一定要拉牛鼻才有用。「拎」就是牽著，「毋通」就是「不可以」。這句諺語是指，做事要弄清楚問題，並採取有效的方法才對。

買厝買厝邊

bé/bué tshù bé/bué tshù pinn

釋義

「厝邊」就是鄰居。古時候，人們大都跟同宗族的人聚居在一起，彼此可以相互照應，比較沒有跟鄰居相處的問題。

但是，變成工商社會後，都市中包括從四面八方來的人，雖然居住在同一幢公寓或大樓裡，卻往往彼此不認識。從陌生到認識本就要一段時間，而鄰居們的品德各有好壞；若是遇到壞的鄰居，就得天天過著提心吊膽的日子，那是很痛苦的。

好的鄰居，能相互照顧，大家恭敬有禮、憂患與共，所以算是居家安全的首要條件。遇到壞的鄰居，便得對其一切行動小心防範，有如在防小偷一樣。這樣的房子住起來就很不好受了。

買賣算分，相請無論

bé-bē/bué-buē sǹg hun, sio-tshiánn bô-lūn

釋義

在工商社會裡，很多朋友親戚彼此都有往來。親友歸親友，如果親友來店裡買東西，錢還是要照算，不能因是親友而不算錢；因為，如此才知道生意有沒有賺到錢，不能因親友而混亂了生意的盈虧算計。

買賣雖然是斤斤兩兩地計算，請客時則另當別論；因為宴客是出於自願，不是做生意，不會影響帳目。買賣是工作，是為了生計，該算的就要算，不能含糊；請客則是基於交情，不影響生計，所以不用計較。

趁小錢靠拍（打）拚，趁大錢靠運命

than sió tsînn khò phah-piànn，than tuā tsînn khò ūn-miā

釋義

台灣社會流行的公益彩券，特獎都是上億元的天文數字，許多人都想碰碰運氣、盼能一夕致富；只是，這樣的機會真是可遇不可求啊！

運氣何時降臨自己身上，沒有人知道，要得到這種鉅款，可能好幾輩子也遇不上一次。不過，財富畢竟是身外之物；雖然能買到很多東西，卻買不到健康、親情及友情。

既然賺大錢要靠運氣（運命），一個人總不能天天無所事事，儘做著發大財的美夢；還是要腳踏實地做好分內的工作，這些辛苦賺取的小錢才是最踏實的。至於中大獎、賺大錢，就只能一切隨緣，一切就交給運命去作主吧！

趁溜溜，食溜溜

thán liu liu，tsia̍h liu liu

釋義

「溜溜」就是「光光」的意思；「趁溜溜」就是將賺來的錢全部花光，一點不剩。這種沒有留後路、對未來沒打算的生活是很危險的，萬一有急需用錢的情況就糟了。

這句諺語是勸人不要將賺的錢花光，總要有些儲蓄，為未來做打算，以備不時之需。

愛婧毋驚流鼻水

ài-suí m̄ kiann lâu phīnn-tsuí

釋義

季節交替之際往往天氣多變，出門在外一定要多帶件保暖的衣服；如果只顧穿得漂亮，卻穿得太單薄，天冷時便無法保暖，這樣很容易感冒。只顧著外表漂亮，卻沒有把身體照顧好，那是不對的。

愛美是人的本性，但只顧外表的美麗而忽略了健康是不對的，最好能兩者兼顧。此語用意在於提醒人們凡事不要顧此失彼，要面面俱到才好。

會曉拍（打）算，較贏走趁

ē-hiáu phah-sǹg，khah iânn tsáu thàn

釋義

「走趁」就是奔走賺錢的意思。一個企業的負責人，要會精打細算、懂得投資理財及管理經營；整個企業的成敗，往往便決定於主事者是否能妥善規畫與經營。

個人也是一樣，雖有穩定的薪水，仍應撙節開支，才有餘錢去投資理財；若經營得當、開源有成，就好像多了一份薪水。所以才會說，懂得打算的人比較容易成功。

當衫買酒啉（飲）

tǹg sann bé/bué tsiú lim

釋義

這句諺語是說，一個人把衣服拿去當掉，換錢買酒喝；換言之，他不顧穿衣的禮貌及身體的冷暖也要買醉。

人最怕有不良嗜好。一旦有了酒癮，經常要喝幾杯，有時不免藉酒壯膽、裝瘋賣傻，做出一些不該做的憾事；或醉得不省人事，而誤了正事；這麼一來，就會使人格蕩然，失去別人的信任。最後，不是自己無力再工作，就是被炒魷魚。

沒有工作，就沒有收入。但是，已經喝上癮了，再怎麼窮都要繼續買酒來喝；萬不得已，只好連身上的衣服都拿去當了。

這句諺語是警惕那些沾染不良習慣的人。

話減講，做著知

uē kiám kóng，tsò/tsuè tio̍h tsai

釋義

很多事情必須從「做中學」、「學中覺」，講太多道理沒有用；此外，別人做事時，如果自己沒有親自做過的經驗，也不要在旁邊指指點點。

人生在世，重在力行，而不在於多言；多言常會惹禍，力行才能解決問題。

隔壁親家，禮數原在

keh-piah tshin-ke，lé-sòo guân-tsāi

釋義

做人很重要的一點是禮貌要周到；禮數不周全，往往會被人在背後批評，被指為不懂得做人的道理。

因此，即使彼此是鄰居，平常都是好朋友；但一旦成為親家，一切禮俗還是不能輕忽，否則可能會因而失禮。「原在」就是依然存在、仍然要保持的意思。

慢牛食濁水

bān gû tsia̍h lô tsuí

釋義

動作慢吞吞、懶散不勤奮的牛，註定不會獲得主人喜愛；結果就是沒有好東西吃，連喝的水都混濁不堪。

人也是一樣。想要生活過得好，一定要認真勤勞、努力耕耘，不要夢想有個「錢多、事少、離家近」的好差事；按部就班、腳踏實地去做，才能有所收穫，便能進而提升生活品質。

「欲食毋討賺」或是想要「食好做輕可」，那只能在夢裡實現，千萬別當真。

瘦田勢軟水

sán-tshân gâu suh tsuí

釋義

「瘦田」就是很貧瘠的水田——「瘦」就是指貧瘠、不肥沃；「勢」就是「善於」的意思；「軟水」就是吸住水分、把水分保留在土裡。這句諺語就是形容，很瘦的人食量卻很大。

一般來說，瘦的人食量通常比較小，但也有例外的；有些人由於體質的關係，每餐都吃得很多，但就是長不胖。這樣的人，便能用這句諺語形容。

論輩無論歲

lūn puè bô lūn huè/hè

釋義

漢民族傳統上非常重視宗親家族，也就衍生了輩分，甚至連輩序都一目了然。輩分不受歲數影響，二十歲青年稱呼一歲娃兒為「叔叔」，也是常見的情況。

由於農業社會時兄弟姊妹較多，有時同一輩的手足會相差十幾甚至數十歲。比方說，自己的弟弟年紀或許與自己的兒女年紀相當、甚至較年幼；但是，就輩分來說，禮不可廢，自己的兒女還是要恭敬稱呼自己的弟弟為「叔叔」。

賣貨頭，卸貨尾

bē huè/hè-thâu, sià huè/hè-bué

釋義

生意人在批發貨物時，都會攙雜好貨和比較差的貨。好貨通常會先被挑走，也就是「貨頭」，可以用比較好的價格出售；賣到剩幾件時，便可以賣得便宜一點，沒有賺到錢也沒關係，反正貨頭已經賺夠了，不差這幾件「貨尾」，只要能快快脫手就行。

所以，買東西時，品質較好的「貨頭」總是比較貴些，而快收攤的「貨尾」一定比較便宜。

靠山山會崩，靠水水會焦

khò suann suann ē pang，khò tsuí tsuí ē ta

釋義

山岳雖然很高峻穩重，但經年累月地風雨侵蝕下，也可能會有崩壞的一天；湖河的水看似深廣流長，也可能因乾旱等原因而乾涸。

此諺語是比喻：凡事最好不要依賴別人，因為對方不見得永遠能被依靠。

此句也暗指：即使有許多家產，但若不努力工作，繼續讓活水注入，再大的山也會風化崩毀，再多的水也會蒸發乾涸，仍會有坐吃山空的一天。

靠勢乎勢誤

khò sè honnh sè gōo

釋義

「靠勢」就是指巴結有錢有勢的人；但是，這些高官巨賈也不是省油的燈，也會利用這種心理來助長自己的勢力。老百姓想依附權貴提升自己的社會地位，反而被權貴所利用，對自己沒有半點好處，卻帶來後遺症。所以說，求人不如求己。

此外，對自己太有自信心也是一種「靠勢」；以為自己的判斷不會有錯，所以食古不化、堅持己見、一意孤行，不聽信他人建議。如此一來，很多事情往往便會因過於自信而誤入陷阱。

橫柴歹入灶，橫行歹得到

huâinn/huînn tshâ phainn jip/lip tsàu，huâinn/huînn kiânn phainn tik kàu

釋義

以前用來煮東西的灶，是用磚或泥塊砌成的，灶口大約一台尺見方大小。當時所燒的乾柴，則是一根長約一台尺半，粗如小碗，可以平直地放進灶中；如果將木柴放橫，就會卡在灶口，無法送入灶內了。

「橫柴入灶」比喻想用強硬的方式達成目的；不過因為違逆自然的情勢，要達成目的便相當困難。像是使用暴力、詐欺等手段，都可說是想「橫柴入灶」的行為；這些社會公理難容的方式，終究難以順遂，會受到法律制裁。

橋袂過，枴著放

kiô bē/buē kuè/kè，kuái tio̍h pàng

釋義

古時沒有水泥鋼筋的橋樑，往往只有簡陋的木板橋和竹竿橋；這種便橋搖搖晃晃，走在橋面上要很小心；尤其是年紀大的老人家或無力的婦孺，最好有枴杖支撐輔助。

有些人快到岸邊時，感覺不再劇烈搖晃、已經安全通過了，便隨手將枴杖丟棄——枴杖只是被人當作一時的工具而已。這句話和「忘恩負義」、「過河拆橋」的意思相通。

燒瓷的食缺碗，織蓆的睏椅板

sio huî ê tsia̍h khih uánn，tsit tshio̍h ê khùn í pán

釋義

專門在燒碗盤出售的人，會將好的碗盤拿去賣，而將有缺陷的碗盤留給自己家人使用；因為好的碗盤能賣錢，自己家人使用有缺陷的則無所謂。同樣地，專門編織草蓆的人家，也是將好草蓆拿去賣，卻沒有留給自家使用，就只好睡椅子了。

這兩句形容是很克勤克儉的美德；賺錢為重，自己的生活過得去就好了，生活用品差些也無妨。

輸人毋輸陣，輸陣歹看面

su lâng m̄ su tīn，su tīn pháinn-khuànn bīn

釋義

「輸陣」就是自家的團隊比別的團隊差的意思。「輸人不輸陣」就是說，個人可以不如別人，但個人所屬的團隊卻不能輸其他團隊。換言之，群體的名譽或利益高於個人；個人可以認輸或犧牲，但群體一定要贏過對方。

如果在群體相較上輸了其他的團體，跟對方相見時就會覺得沒有面子，也就是「歹看面」。

頭大面四方，肚大居財王

thâu tuā bīn sì-hng/sù-hong，tōo tuā ki/ku tsâi ông

釋義

這句諺語是說，有肚量的人，才能賺大錢、開創大事業。

傳統的面相學認為，一個人是否有前途，往往可以從長相看出端倪；例如，一個人如果頭大而面相方正多肉，表示此人甚有福氣。

所謂「宰相肚裡能撐船」，度（肚）量大的人，待人和善、寬宏大量，量大福氣就大；因為，很多人喜歡跟這樣的人合作，致富的機會自然比別人多。

閹雞拖木屐

iam-ke/kue thua ba̍k-kia̍h

釋義

鬮雞的力氣不大，如果再拖一個木屐，走起路來就更沉重了。在困頓中艱苦過日子的狀況，就可以用「鬮雞拖木屐」來形容。

全球金融海嘯以來，經濟不景氣，很多公司紛紛減薪、裁員或放無薪假；造成很多人失業或收入頓時減少。但是，像是房貸、車貸、學費等開銷卻無法減少；因此，馬上入不敷出，陷入「鬮雞拖木屐」的窘境。

不過，天上也是「有時星光，有時月圓」，沒有永遠的順境。偶爾「鬮雞拖木屐」，就當是人生的「在職訓練」，重新檢視自己的優缺點和所面對的機會與威脅，調整腳步再出發。

濟牛踏無糞，濟某無地睏

tsē/tsuē gû ta̍h bô pùn，tsē/tsuē bóo bô tē/tuē khùn

釋義

「濟牛」就是很多隻牛。早期農家的基肥，是由牛糞攙一些稻草混合而成。如果牛欄內有許多牛隻，會彼此起衝突，就會將牛糞踏到牛欄外被雨水沖走，便失去原本可以做基肥的牛糞，還將整個牛欄弄得烏七八糟。

「濟某」就是男人娶了很多姨太太。一個男人如果娶了太多妻妾，一定會爭吵不休，難有和諧氣氛，搞得家中一團亂，男主人甚至連睡的地方都沒有，那就是敗家的開始了。

講人人到，講鬼鬼到

kóng lâng lâng kàu，kóng kuí kuí kàu

釋義

批評別人的時候，有時就是這麼巧，被批評的當事人就剛好出現在眼前，往往會讓人相當尷尬。

這句諺語是比喻，一個人不要隨便批評別人；也許批評者以為在背後批評沒有關係，偏偏當事人可能就突然出現在眼前，雙方便會因此而尷尬及惱怒。

所以，多說人家好話不要緊，可別在背後說人家壞話。

講到予你捌，喙（嘴）鬚拍（打）四結

kóng kàu hōo lí bat，tshuì-tshiu phah sì kat

釋 義

「乎你捌」，就是讓對方完全瞭解的意思。「拍四結」是說鬍鬚長到可以打四個結，表示需要很長一段時間的意思。

有些道理很難用言語表達，對方聽不懂也體會不到，讓人不知從何講起；要說到讓對方明白為止，可能要花費很長的時間。所以，這句諺語也有讓對方自己去慢慢體會之意。

雞母帶囝真輕鬆，雞公帶囝翅拖棚

ke/kue-bó/bú tuà kiánn tsin khin-sang，
ke/kue-kang tuà kiánn tshì thua-pênn/pînn

釋義

「翅拖棚」即翅膀落地，表示很累。

我們常可看到母雞在帶小雞，卻很少看到公雞帶小雞。帶小雞是母雞的拿手本領；母雞一啼叫，小雞就會乖乖跟著；可是，公雞來帶就不行了，因為公雞沒有帶小雞的本事。

所謂：「術業有專攻。」撫育孩子雖是母性的天職，也是因為親身去做，時時與孩子在一起，才能瞭解孩子，照顧起來方能駕輕就熟。這些照顧孩子的事，男性只要願意學習，常常去做，也可以成為一個稱職的「奶爸」。

雞屎藤毋敢爬桂花樹

ke-sái tîn m̄ kánn pê kuì-hue tshiū

釋義

「雞屎藤不敢爬桂花樹」的意思是不敢高攀。雞屎藤是一種有雞屎臭味的藤蔓植物，可以攀扶在大樹上生長，藉此比喻較弱勢者；桂花樹則是有著濃郁香氣的樹木，以此比喻有錢有勢的人。

這句話通常用在婚姻上；女方不敢嫁入豪門，或男方不敢娶富家千金，便可用這句諺語來形容自己的卑微。在交友上也可以用這句諺語，表示自己不敢攀交有錢有勢的人；把自己喻為雞屎藤，將對方比喻為桂花樹，是用植物為喻的自謙話。

藥會醫假病，酒袂解真愁

io̍h ē i ké pēnn/pīnn，tsiú buē/bē kái tsin tshiû

釋義

一個人在屢受挫折打擊之後，會顯得很失志、情緒不穩，有時甚至會因刺激過大而瘋狂，走上絕路。

當一個人處處碰壁、時時不如意時，往往會藉酒精麻醉自己，想把一切煩憂都忘記。可是，酒醉只是一時，醒來後煩憂依然湧上心頭、揮之不去，反而更加悶悶不樂。換言之，藉酒澆愁是沒用的。

有些病不是生理上真的生病了，而是心理上覺得有病；這些心理病必須透過心理治療，不是用藥物可以治好的。但是，有些醫生還是會開一些「安慰劑」，讓患者能安心，往往這樣就痊癒了，可說是心理治療的一種方式。所以說「藥會醫假病，酒袂解真愁」。

騙乞食過後厝

phiàn khit-tsia̍h kuè/kè āu-tshù

釋義

「乞食」就是乞丐。乞丐也是人，只是他的遭遇比較悲慘、人生比較坎坷而已。「後厝」就是屋子的後院。

這裡指的是：前院在祭神或辦喜事時，若有乞食站在前庭門口討食，主人便把乞食騙到後院，說要給他很多東西吃；可是，被騙到後厝的乞食，卻只分到一點點東西。以後若遇到類似情形，就再也騙不動這個乞食了。

換言之，這句諺語就是騙得了一時、騙不了一世的意思。

顧豬頭，毋顧鴨母卵

kòo ti/tu -thâu，m̄ kòo ah-bó/bú nn̄g

釋義

「豬頭」跟「鴨母卵」（鴨蛋）比起來，一個豬頭可以抵過幾十個蛋，當然是豬頭比較有價值。這句話就是說，不要因為小東西而失去重要的東西。說人家因小失大，便可說是「不顧豬頭，顧鴨母卵」。

凡事有輕重緩急；當兩者必須選擇一項時，一定要捨小而顧大才對。

讀書/冊足，可醫俗

thȧk-tsu/tsheh tsiok，khó i siȯk

釋義

不愛讀書的人，對於讀書的好處總抱著懷疑的態度，認為讀那麼多書，到頭來對生活沒有什麼幫助，他們在讀書上也無法取得成就感與滿足感，慢慢地便疏遠書本了。

不過，能著書立說者大都為飽學之士，具有一定的社會經驗和見識，能在書中跟這些飽學之士交流，接受知識與智慧的洗禮，時日久了之後，便可以增長自己的見識，並有助於修身養性，如此一來自然能不被流俗蒙蔽。

還有人說，「三日不讀書便覺面目可憎」，可見讀書可以培養良好的氣質；稍有荒廢，在行為舉止上就有所不同。因此，讀書貴在恆持，如此才可以培養出良善不俗的氣質。

國家圖書館出版品預行編目資料

咱的古早話 / 游福生作. -- 初版. --
臺北市：慈濟傳播人文志業基金會，2010.12
240面；15×21公分
ISBN 978-986-6644-49-8（平裝）

1. 諺語　2. 臺灣

539.933　99023422

咱的古早話

創辦者｜釋證嚴
發行者｜王端正
作者｜游福生
出版者｜慈濟傳播人文志業基金會
11259台北市北投區立德路2號
客服專線｜02-28989898
傳真專線｜02-28989993
郵政劃撥｜19924552　經典雜誌
責任編輯｜賴志銘 、高琦懿
美術設計｜尚璟設計整合行銷有限公司
印製者｜禹利電子分色有限公司
經銷商｜聯合發行股份有限公司
台北縣新店市寶橋路235巷6弄6號2樓
電話｜02-29178022
傳真｜02-29156275
出版日｜2010年12月初版1刷
2011年11月初版5刷
建議售價｜200元